BAATEIN

TALK WHICH WE NEVER SPEAK ALOUD

NIRMEET M RAO

Aur kisi ki nahin ab baate yeh yaad par aayi hein,

Jise kabhi meh sabse achha dost maanke chalta tha,

Aaj who sabse badaa dushman sabit hua hein.

Ek hasin pal meh jo rulaade.

Aur mere bure waqt meh hasaade who hein YAADEIN.

Bin Mausam baarish ese aati hein,

Octobor meh purani June kia as lekar jese ksis anjaan sheher meh
purana dost mile ek ajnabi ban kar.

Aaj chaand se ki batein mene.

Bina aansu ki Muskaan se,

Kisi aur k baare me badi hi aasani se,

Bina jana bas manmani se,

Bhula kar use aye ho? Puchha ek tare ne!

Aaj ki barish meh yaad kiya tha. Bataya un baadalo ne.

Diwali pe raat ko jalte diye ache,

Jo thode time chand ko bulate hein, muskan zaroor late hein,

Par humare nahi hote hamesha ke liye.

Pyaar nahi toh dard hi sahi, chand ka rahega toh hamesha.

Kya ho sakta hein pyaar?

Kisi aur se fir ek baar vesa hi,

Aur who bhi naseeb meh na ho,

Aur phir bhi karte rahein.

Aaj ek dost ki yaad nahin ayi.

Eilchii sit hi zindagi meh swad de kar chhilke chali gayi.

Anjaan ho gayi kabhi sabse zyada jo jaanti thi.

Sath meh rakha tha tujhe mene adat ki tarah!

Tu gayi to pali aadate lakh kharab jese chhuti tu,

Chhodi mene yeh bhi.

Kyu kharab adat kabhi na kabhi to chhodni hi padti hein?

Wahi aankho mein abhi bhi khoya hun,

Nayi dekhi hein lakho par aaj tak ghuma nahin hun.

Pyaas toh paani se hi bujhati hein,

Sharab bas bhulata hein pyaas ko.

Kami teri tujhse mitegi,

Kisi aur ka mein kya karun.

Rishto ko kuch logon ne ese bandha hein,

Jese Roshni ko andhero meh jagke rakha hein.

Par kabhi ek na ho paate hein ye jo rishte samajte hein.

Bante toh sirf uske hein jinki lakire wo milata hein.

Bematlab mene use chaaha!

Behad usi se mene pyaar kiya,

Bematlab who chhod ke chali gayi,

Behad dard naseeb mein bhar ke gayi.

Bina tera naam liye mene tujhe roz har baat meh yaad kia hein,

Bina tera naam lite kitabe bhar li; Likhi yaadein apni,

Mene apni Dasta-E-ishq likh di.

Har language ko mene tere naam se joda hein.

Kabhi teri batein to kabhi teri aankho ko likha hein;

Kabhi who chhote per toh kabhi who lambi jhulfo k bun ko likha hein;

Teri aadate teri harkato ko yaad kiya hein;

Teri rooh ko kabhi mene bina naam liye logon se waqif karwaya hein.

Paa na paunga firse mein kisi insaan ko,

Jo ankho meh hasi lekar ayi thi;

Bhula kar use bhi apmi zindagi ki ek nayi yaad banaunga.

Yuhi mein yaade lekar chalta rahunga;

Talaash meh koi shaqsh ki,

Jo meri Haqiqat banna chahein.

Zindagi ne kesa yeh khel hein khela,

pyaar use karvaya jisse bhula nahi sakta aur paana use mere nasib me nahin;

bas sirf jo lamhe mere uske sath iss dil ki kitab meh darj hue he,

Unko har raat padh ke dohraata hun;

Uski yaad meh hi ab mein use PYAAR kar leta hun.

Thoda aur kash idhar rehke ka mauka milta;

Iss naye shehar ko jaan ne ka mauka milta.

Apna shayad bana leta,

Agar kisi aur ka naam ispe likhna hota.

Mein to esa hi raha jesa tha,

Kab aaya kab gaya, tootta raha joodta raha;

Dhuwe meh ghum kar har mohalla BHATAKTA raha;

Tasveer teri lekar tujhe bhulane ka zariya dhundhta raha.

Esa waada mujhse ab naa karna koi dosto, "Tera sath kabhi na chhodenge".

Esa mazaak koi karna mat.

Sholo se dhadakte iss dil ko aabhi tak na jala paya mein pura,

Abhi bhi us shaqs ke intezar meh marte hue bhi dhadakta hein.

Uss baarish meh ab bhigna nahi hein mujhe,

Jisme roz nahaya karta tha.

Uss thandi hawan ki talash meh hoon;

Thodi dhoop ho sath aur subah ki ho baat.

Yaade rak nahi ho rahi;

Baatein humari duaa banke meri tabiyat bigad rahi hein.

Kuchh chhijho ki bas yaadein humare naseeb meh hoti hein!

Aansuo se ab fayda kya?

Iss dil ki sach meh kisi ko parawah kya?

Nibhana tha nibhayenge.

Kiya tha pyaar karte rahenge.

Naam tera toh dil peh likhna hein,

Toota bhale hein par mila nahi hein.

Yaaron ki duniya meh kabhi yaaron nafrat na ane do;

Yeh Jannat hein sacchai ki ise esa hi rehne do.

Shikawe jo kabhi hue bhul jao chaand k pyaar meh sitaro ne kabhi
amawas bhulayi hein aur Purnima ko paya hein.

Iss amrut ko zeher na banao,

Pee rahe hein pinedo sath meh agar,

Bichhad k jiye toh kya jiye,

Mare to sath meh maze le kar Khushi Khushi sans chhodenge!

Aur kuchh iss tarah,

Hum phir se koi mod pe aye.

Kisi ne bola yahan Khushi milegi;

Dekha toh naam sadak ka pyaar hi tha,

Bas saath meh mere koi aur khada tha.

Shauq se pyaar kiya tha,

Adat sa banke har raaat aur din yaad kiya tha,

Adate chhod ne ki bari toh kab ayegi;

Jab shauq badlenge humare sath sath.

Pyaar ko tere naam jo diya;

Who bhi badalenge,

Bass aage dusara lagan nahin bhulenge.

"IF IT WILL BE, IT WILL BHI FOREVER".

Adate meri sudhar ne ayegi,

Thodi khafa hein par lautegi zaroor,

Nayi hawan meh hein par zameen peh ayegi zaroor,

Pyaar to thik; dost hein wo meri mujhe yaad karegi zarror,

Kabhi na kabhi wapas baat karegi zaroor,

Age bhaag toh gayi par phirse mudake muje dekhegi zaroor.

Andhero ko alwida keh kar roshani se milne chale;

Jab baarish ke baadal October meh chhatne lage the.

Aankho meh neend bharde koi,

Iss dil ko jode koi,

Pichhla sab mujhe bhula de koi,

Use achhi mohabbat kare koi.

Aankhe puchh rahi hein,

Neend kya hoti hein?

Khawabo ki duniya kya hoti hein?

Kyaa man chaha hume udhar sach meh naseeb hota hein?

Toh dawa leke bhi so ja e mere mann tu,

Waha tujhe us se mulaqat karavayenge.

Iss zindagi me rone se achha tu juthe khwab me muskuraa.

Aankhe puchhne lagi hein neend ka pata humein,

Hoslon ne bataya dil se who rehti kaha hein;

Uski yaad me ane ke kabil agar hum hue,

Toh neend humari ankhon meh base.

Khud haal na puchh pata,

Khudse hi khush na ho pata,

Apne ap ko mere sapno meh nahi pata,

Toota esa ki haal bata nahi pata.

Galatiya hi meri hein,

Kamiya hi meri hein,

Hasi bolti thi koi apni anjaani dost is haal meh tu kisika nahi ho sakta.

Meh apna na hua kisi aur ka kya hota,

Dard ne sambhal ke rakha hein pyaar ne kab ka dubaya!

Aino meh khud ko dhundha meh kisi aur ked il meh kisi aur ke dil meh khudko jab na paya,

Yuh haal apna na bataya bs logon se puchhna hosh manga.

Itna kamjor mujhe kese bana diya!

Jo muh peh bolne se kabhi nahi katraya,

Kissi se aj who khamoshiyon se ulaj ne laga.

Dosh use kis baat ka dun,

Bewafa ho kar usne mujhe lafzon se pyaar karna sikha diya chhod kar mujhe usne.

Insan ko tod kar shayar bana diya.

Mere hasne se mere rone se kash use bhi fark padata!

Mere na hone se ya hone se kash usko bhi fark padata!

Toote khwabo se mere bikhre iraado se mere kash dekh kar aye upper wale tujhe toh samajh aata ki mandir ho ya masjid dekh kar bas teri dua mangta,

Tere pyaar meh mein aur koi dharma nahi rakha.

Vishwas aaj bhi nahi ho raha,

Jhamana jese beet gaya bina uske.

Hum toh samay se badhe hein par aaj bhi intezaar meh bethe hein.

Kya soch chhod gayi who hume koi itna bata do,

Agar haan toh aaj raat ki dawat meh aao aur humari thali meh zeher mila do.

Jese hein ese hi hein haal,

Chhod dijiye humein sharafat ke sath.

Dil toh kab ka aap hi ke pas hein humara,

Rakhna hein toh rakhie warna tod dijiye hifazat ke sath.

Koi wajah nahi hein par phir bhi naraz yuhi behte hein,

Kaha hum shehro meh aaj karte the.

Ab mohallo meh panah liye behte hein.

Aankho se koi lad jata toh jung chhedte,

Aaj thokaro peg bhi maun rehte hein.

Kuschh esa pyaar ne insaan ko badalta hein,

Jisme jaan chhikta aaj usi se vishwas uth gaya hein,

Insaan ka insaan se nata chhut gaya hein.

Pura kiya tha adhura reh gaya,

Mene hi kiya tha tune nahi tabhi aadha reh gaya.

Aankho se kiya tha baton se nahi,

Ruh se kiya that ere jism se nahi,

Saanso se kiya that ere hontho se nahi,

Reh gaya baki anjaam dena,

Ye adhura ishq mujhe pura barbad kar gaya.

Tere bina zindagi gujhar to sakta hun,

Par har waqt teri guzarish ke sath gujhrunga.

Jo pyaar ko dard ko rok sake utni taqat sirf pyaar meh nahi hein.

Uss barish ko puchho,

Aur uss sardi wali raat se pata karo jao,

Ki tumhara ishq kya hein?

Tum jo har tisri shakal peh marke ishq ka dawa larne wala.

Hume ishq sikhane chala ho,

Tum chaand ko andhere meh reha sikhane chale ho.

Khoya sa nahi rehta meh dhundhne meh laga hun

Tujhe bhulana chhod diya ab nayi aankho meh gira hun,

Shayad firse kisi manzil ko mila hun,

Lagta hein koi anjane pyaar meh pada hun.

Kuch dhundhla sa firse ho gaya nazara hein,

Teri batein sune hue zamana ho gaya hein.

Andhere me hi rehte wahi achha tha,

Jo bhag kar gayi iss dil ko koi nayi titli,

Hum jo sukhe gulab the wahi achha tha,

Roshni ko dhunta surajmukhi bana diya.

Aankho meh hi rehte ho,

Tum paas humare is dil meh hi rehte,

Jism jo tumhara kisi aur ke paas hein toh kya hua!

Baate aur yaade teri humari wafadar hein.

Pyaar hum ne ruh se kiya tha teri,

Jismo wale pyaar ki niyat nahi humari.

Sach ki raah pe jo pyaar kia as le kar chalet the,

Andhere meh jo lipte the khudko Roshni ke havale karne chale
the.

Ek naya naam tha woh jisko apna jaha bana ne nikle the.

"IN THE END, LIES ARE LOVED, LIERES ARE LOVED
AND TRUTH TIES A KNOT ONLY".

Patti ab toh ped se gir gayi,

Mausam bhi kuchh Thanda ho gaya,

Ek nayi kitab yaado ki khulegi,

Who sardiyon ke baate yaad mujhe ayegi.

Ek me hun jo intezaar meh khush hun,

Kahi duniya meh log hein jo sath meh bhi na khush hein.

Ek idhar me hun jo yaado meh musurate savarta hun,

Kahi woh mujhe bhula kar muskurati hogi.

Ek dharmsa ho gaya hein,

Lagata hein, pyaar meh reh kar juda rehna.

Bhrahm meh bhavnao ka apharan sa lagta hein,

Chahte hein kisi ka sitara humare naam ho,

Par humara sitara naam badalne se inkar karta hein;

Sab se dur rehna chahte hein,

Par uske sath YAADO MEH REHNA CHAHTE HEIN.

Hath meh apne jab mene hath kisi ka paya nahi,

Aankho me meri jab kisi ne jhanka nahi,

Ruh ne jab sath ki talash meh duniya meh dhundha;

Dhuwe k alawa koi meri saans nab ana.

Ab rah me zarurat hein unki,

Par pukarenge nahi,

Koi aur shehar ko hum apna ashiya banana jayenge nahi,

Shehar jab tak apna nahi koi uska hota nahi,

Baki lakho tare abhi bhi kisi ki nazro me girke unke dip me aabad
hote hein,

Par taaro ke sang waqt se zyada ab logon ko,

Rishte apne mashhoor karne ka shauq hein.

Na jaane konsa mod hein ye meri manzil ki raah ka,

Jo kisi aur taraf jaane ko majboor ho raha hun mein,

Kuchh bate esi bolna chahta hun, jo iss zuban ko Manzoor nahi,

Shayad iss dil ko vapas abaad karna chahta hun,

Par mann ki izazat nahi.

Phir ek baar muskurana chahta hun,

Par is duniya ko humara hasi Manzoor nahi.

Aankhe hein bandh ab,

Ansu hein bikhre,

Dil ki dhadkan hein saaf,

Par mann meh kuchh falke! Dard to nahi?

Yaad pyaar ki hein.

Kuchh mann meh bhare gale meh atke alfaz quaid hein.

Vapas raat yeh lambi ho gayi: na jaane kyu?

Baat yeh mann ki sacchi ho gayi,

Hawa kuchh October ki lagta hein chalne lagi,

Baate kuchh purani chalne lagi mann meh,

Dil ohir se abaad ho gaya.

Lagta hein isko wapas apna pyaar yaad aa gaya.

Kabhi sochte tum toh samajte.

Thoda bhi samajte toh shayad sochte tum.

Chal basenge hum vese bhi hume hua kaha hein duniya ne,

Nahi badlenge esa maan liya hein sab ne,

Ab shayad chahte bhi nahi kisi aur ko jataana;

Kese hein, kyu hein?

Samjenge agar woh ake padhenge,

Varna hasi dekh kea age badhenge.

SOMETIMES TEARS ARE NOT ENOUGH TO CARRY
PAIN AND MAYBE I AM NOT ENOUGH TO BE LOVED
EXCEPT THE MOONLIGHT FROM MY WINDOW AND
STARS STARING.

Sirf humne ki yahi toh ek baat hein,

Tumse hi ki woh bhi toh ek baa thein,

Tumne nahi ki usme kya baa thein,

Humne thodi zyada Karli kya baa thein.

Yaad mene tujhe har pal meh rakaha hein,

Nayi aankhe pasand ayi aaj usme bhi sirf tujhe dekha hein,

Unse bhi ab hum muskura karenge;

Teri meri judai ki kahani kahenge,

Ese thode khwab dekhenge,

Phir bakiyon ki tarah unhe bhu bhulayenge,

Bas tujhe yaad rakhenge,

Who bhi sirf hum hi rakhenge koi baat nahi;

Tum kisi aur ko karna koi baat nahi,

Humein toh adat hein, MAJBOOR hein.

Chalo ab sona hein,

Yaad phir se kal karenge tujhe,

Ek ad aansu bahana hein ese bhulayenge tujhe;

Baat karne wala tere badle koi aur aya nahi iss samay,

Tere purane message aaj hi aye esa maan lenge hum,

Chalo ab so jaate hein yaad karke tumhe hum.

Baat meri dil se hogi;

Insaan esa meh gehara hun,

Aankho se hi utar sakta hun,

Baato meh khoya hua hun;

Khafa toh bhale hun tumse jo bhul gayi tum mujhe,

Jisne mene milaya tha tujhe,

Unke sath yaad karti ho mujhe;

Aaj bhi mein tera hunn yeh yaad rakhna tu;

Log itne bhi fareb hein aas pas aaj kal,

Dosti ka name deke ansu samajne ka daawa karte hein.

Who mohabbat meh har raat ko likha hun tere naam ki jo judaa
hui thi zehen meh jo zeher hui thi,

Woh mohabbat ki ab dua karta hun jo ab aaye aur iss dil ko phirse
pyaar sikhaye.

Tera armaan hum ese thodi chhodenge,

Tujhe paane ki umeed hum apni saanso ke saath hi chhodenge;

Tere muskurate chehre ke liye apni adate chhod sakte hein,

Bhagwan se keh kar tere har ansu mene apne naam kar liye hein,

Wahi raat ko aate hein aur sapne teri tasweer ke in meh bhar jaate hein,

Aur bas soola kar mujhe woh vapas chale jaate hein.

Anjaan tha yeh meri zindagi meh,

Benaam tha jo usne mujhe apna naam ban aliya;

Kisi ka muh latka ho sakta hein tere mere jesa,

Haal yeh esa kisi ne puchh liya;

Dard kuchh esa saathi bana,

Pyaar ke naam peh mujhko yaar ban aliya.

Mohabbat ke shikwe jo din raat karte ho,

Aarzoo me abhi bhi cigarette jalate ho,

Bhulane ke bahane ansuo ko rok lete ho,

Wade kyu nibhaye nahi jo haath pakadke kiye the, yeh tum aur sirf tum hi jaante ho.

Hadsa tha jo huaa tha,

Chhote abhi bhi ruh peh Nishan banaye hein,

Teri hi dil ki galiyon me hum sath me khoye hue hein,

Yaado ko shayad tu yaad nahi aati,

Tujhe shayad unhe bhi pyaar hein.

Wo sirf mujh pe aati hein, rulaati hein,

Aur chaand ban ke raat roshan karti hein.

11.11 ki khwaish to puri hoti dikh nahi rahi,

02.22 ko aazmate hein.

Dosto ne woh shaam mere naam kardi,

Jab ansu uske naam ke meri aankho meh the;

Kaam bhale hi bure the woh duniya kin azar meh,

Par muskan jahan ki mere naam kardi unho ne;

Chhod ke gaye who hum dhul dhul samj kar per se kuchla,

Mitti apni samaj kar dosto ne mujhe sang rakha.

Pyaar ko maro goli jab dost ho tum jese bhari.

Lamhe shayad zaroor aankho meh bhare usne the,

Par kayin dino ko dil peh chhapa hein mere yaaro ne;

Chhod gayi woh jo zindagi bhar sath rehne ka wada kiya tha,

Roz gaali dene wale dost ne kabhi hath nahi chhoda.

Yarana yaad ata hein,

Par muskurane bhi ata hein,

Pyaar uska yaad aye toh aansu ko sath lata hein.

Ki zindagi humari bas ese bit rahi hein,

Sochte sochte bas aansu bikhar rahe hein,

Dard lipta hein jese aag lipti ho angaro peh;

Bahane chhod pyaar se keh ek baar,

Message to kya dil se naam mita denge;

Tere liye to duniya se kya khud se bhi haar jayenge,

Khudko bhula denge.

Apne dil se dayera bana lenge;

Aankho peh apni ansu lipte hein jo dur gayi;

Bina pukare jo pehle ati thi,

Ab chikh bhi nahi sunti tu;

Baat se sirf jo sab kuchh bulati thi,

Ab kuchh ke liye batein banati hein.

Tu sab ko chhod ke mujhko kyu bulati hein?

Haalat peh jo hasi aayi tumhe;

dasta ki meri woh wajah thi,

Bass pyaar karne ki ek saja thi,

Tujhe chhodne ka khayal humne laa ke rakha hein dimag meh,

Koi use uthane wali aye toh sahi!

Aur apne khayalo ke guldaste sajaye toh sahi!

Aansu peh jo pali ho hasi woh khubsoorat kese na ho,

Aansu meh nahayi hui ankho ko koi nazar naseeb kyu na ho,

Jalne ke baad sona jhevar banta hein,

Dard dene ke baad Malham ilaajh karta hein.

Mera alvida kabhi shayad tujhe bhi milega,

Kisi aur ke muh se,

Bhatakta hua tabhi milega kisi raah peh,

Dhundhne koi manzil kisi naam ki,

Jab meh tera naam liye betha hoga wahi raah peh.

Dikhne toh lage hein kuchh ese sapne jisme tu nahi,

Aani toh lagi hein neend kabhi kabhi jab teri yaad nahi;

Kyu mud ne laga hum pyaar se mein,

Ab nafrat karne laga hun kya khudse mein?

Aankho se hat ne me kisi ko der nahi lagti,

Par dil se hat te hat te dil ko hata ne tak ki nobat aa jati hein;

Jiss khoon meh kabhi tere naam ka pyaar mila tha,

Pata nahi ab kya kya milta hein;

Kuchh esa chadaa dard ka nasha,

Khud se hi ab ho gaye khafah,

Kii tujhko chhod ne ki koshish mene,

Humko wapas lane ki dusro ki koshish na dekh paye!

Kyu ruke hein yeh pata nahi,

Raah dikh rahi hein par manzil nahi,

Chalna chahte hein abhi bhi,

Koi bulane aye uski umeed hein sirf,

Vishwas toh ab hume humare ishq par bhi nahi.

Neendo meh baatein dhundhu

Ya

Baton meh neend?

Ab jiyenge toh nafrat hi karenge,

Who din beet gaye jab mohabbat karte the hum.

Ansu ko dekh kar abhi pyaar nahi aata,

Har sukhe Registan meh pani naseeb nahi aata,

Miraj dekh ke jo Khushi milti hein,

Us se zyada farzi aaj kal logon ki duaa hoti hein.

Mein barabad hun, dub raha hun,

Pata hein: tu sambhal ne wala khwab man ban;

Mein jal raha hun, saans gin raha hun,

Tu ehsaas ji aakhri aas mat ban;

Mein maut ko chumne jaa rha hun,

Tu haath mat pakad;

Wapas ishq meh padne meh der nahi lagegi;

Mujhe wapas gum meh tujhe apna nahi kehna,

Kyu ki tujhe mujhe apna samaj kar bhi sath nahi rehna.

Kya huaa kya pata!

Waqt badta jagah badli;

Asman jaha mila zameen se suraj wahi dub gaya,

Roshni ki chaah meg insaan raat ko mitaya,

Raat ka nasha jungle ke pedo ko puchoo,

Khair ab toh unko bhi gawahi dene layak in insano ne nahi
chhoda,

Chaand par bhi haath mara hein,

Saccha pyaar jo iss earth ne kiya insano se sala use bhi dhokha de
diya.

Kyu aasman sunhera hein wapas?

Baadal kyu ho rahe hein khafa, kya aaya hein wapis suraj?

Roshni ke hum ab pyaase nahi, pyaar ke ab hum chahite nahi;

Jo chandani meh ishq karna ho toh ana,

Ab karna ho pyaar toh bas baton meh nahi,

Tum dil ko mere fuslaana;

Chhup ke se dil meh utar aaya mein,

Phir juda hokar tujse aansu ban jaaunga mein.

Esa khwab dikha kar chali gayi;

Aaj bhi uske intezar meh pariyon ko nazarandaz kar rahe hein;

Uska khwab hi inke mahelo se behtar tha.

Raate bohot kati hein,

Tere naam ke din kaat ne ka intezaar hein,

Yaade bohot hui, Ab lamho ka inezaar hein.

Jo hua so hua;

Khush rahe woh bas itna hi chahiye,

So kar uthe hum, bass tasveer hi chahiye,

Jaane do ab sab bhul jaate hein, humein ab neend chahiye,

Neendo meh sapne chahiye aur sapno meh tum.

Khwabo ke nashe meh palke gir gayi,

Ek raat esi ayi, humein neend aa gayi.

Jise sab pata tha woh bhi mukar gaye;

Tujhe ab mein kyu batau, mukarne tujhe mein de sakta nahi,

Jal jaayenge khud parwah nahi,

Kisi pyaase ke paani se aag nahi bujhayenge.

Chalo, ab need ne bulaya hein.

Aake ab bagawat peh utar aayi hein,

Sapne, neend aur aansu lekar aayi hein,

Dil ke dwaar par dard jo pehra diye khada hein,

Khud ki rehmat ka pegam, ab mera naam bhi shamil hua hein,

Darkhwaz hein yaado ke janaje ko uthane ki. Bohot hua ab.

Dhuwe ne ab asar karna lagta hein band kiya hein,

Bina badal ke barish ho jese, ab toh zameen ne bheegne se inkaar
kiya hein.

Khud hi mene khud ko roka hein,

Zamen ko asman bana ke uspe hi badal sajaya hein,

Dhuwe ko bistar banaya hein,

Aur takiye ko aansu meh bhigaya hein.

Jismo se mohabbat karne wale khush rehte hein,

Ruh se mohabbat karne walo ko sirf tadapna naseeb hein.

Guroor ki hi toh ab baat sahi hein,

Who aa nahi sakte aur hum jaa nah sakte ab.

Yaado ki barish meh chalo bheegte hein,

Khushiyo kid hoop meh ab mazaa nahi.

Roz badalti Muskaan se ishq kiya tha iss pagal ne,

Ab roz badalti hein muska raha nahi ab woh badal me;

Paani se bhara hun,

Dhuwe se bana hun,

Barasne ko zameen milo toh sahi, varna aanman ki seema kaha
janta hun.

Kisi ko jab humein yaad karna chaha,

Usne humse mil ke kisi aur ko yaad kiya;

Use bhulane ki khwayish humne rakhi,

Par muskan unki dekh ke apni khhwayish puri na esi khwayish
humnne phir se maangi.

Bewafa bewafa loho ko bohot yaad kiya hein,

Galat logon peh waqt hein;

Par jab chhuh ne chale kisiko apna mane hue,

Kambaqt woh kisi aur ko paabe chale hein.

Haath toh de koi, khud hi chad jaayenge,

Aakhein mile toh sahi, phir ek baar kho jaayenge;

Bhale nayi palke ho,

Ek baar phir kisi ke ansu meh bheenna naseeb hi.

Be a mage;

I want to get lost in.

Mukambal na hui esi meri Aashiqui thi,

Chhod ke na gayi, tere se zyada teri yaade sacchi thi;

Kacche nahi hein khel meh samajhlo e dosto,

Bas maidan humara tumhare makan se upar hein.

Hasne ke liye dost mile boho thein, nakarunga nahi;

Aansu ko samjhe vesa koi hein, maanunga nahi;

Tu mile ab esi arzoo hi baki hein,

Mile koi aur ab toh theek hein,

Abhhi bhi dil meh pyaar baaki zarur hein.

Pyaas bujane toh chalo jaha pura ajaye humari,

Hum toh pyaas lagane wali ki talash meh hein.

Koi karein toh sahi, nibhana hum sikha denge;

Koi dhundhe toh sahi, sambhalna hum sikha denge;

Saccha wala koi kare toh sahi, khud ko bhi bhula denge.

"TO HEAL YOUR SOUL,

YOU NEED TO HURT YOUR HEART SOMETIMES."

Dhadkano sa sun na chahta hun,

Apna ho wese sambhal kerakhna chahta hun kisi ko,

Teri raah meh tanhayion se sulah kar li mene,

Ab kisi ko apna banana chahta hun.

Tum use samjhte reh jaoge,

Sach hein iss umeed meh behekte jaoge,

Palko ki japak meh woh tumhe barbad karke chala jayega,

Saccha ishq agar tumne kisi gher se kar liya,

Who tumhari har saans ko chitaki aag sa banke chala jayega.

Aaj bhi kisi aur ke baalo ko tera samajh ke seherata hun.

Sunta rahu tujhe, raato se zyada tu baat toh kar;

Dekhta rahu tujhe palko ko maar du, tun azar toh aa;

Bhul bhi jau tujhe, tu ek baar dil se jaa;

Fir se kisi se pyaar had se zyada karu, par koi behadd toh aye;

Naam pe uske firse nayi kahani likhu, par koi nayi bala toh aye;

Aankho ko toh meh subah meh bhi sula du,

Koi neend haram karne wali toh aye.

Aasman yun bikhra hein,

Saath hein par toota hein hisso mein;

Rishta kuchh ese nikhra hein,

Baatein hein par apne se zyada logo meh bati hein.

Har kisi meh tujhko dhundha hein mene,

Kabhi aankho meh toh kabhi baato meh payaa hein tujhe,

Aur jo mile tujhsa koi toh yaado teri yaad karke ansu ko nazar
meh rakhe,

Alvida tera jo baki tha sab ko pyaar se vida kiya hein mene.

Kar lo behes jitni karni,

Saamne wala sawal uthaye esi mohabbat humein nahi karni.

Khushi tum chahte ho, ked use karo mat;

Sath rakho use sath meh udo, varna zamane aur tum me fark kya?

Samjo uske ansu, bano usko Khushi;

Ginte reh jayegi duniya numde pani ki;

Fir bhi na debegi yeh kashti;

Pakadne ko toh raste, manzil bhi pakadti;

Kisi insan ki sans ka hissa banne se pehle uske dil ki raahe napo;

Use pakadne se pehle uski ruh ko gale se lagao.

60 mins hein, 24 ghante hein, 7 din hein aur 12 mahine hein;

Banke ek sawal hein,

Beetadi jaye utni zindagi hein,

Dhundh ne ki khwayish thodi hein,

Mile uske sukoon ki ab talash hein,

Aansu hi hein, saanse toh wese bhi chalu hein,

Hasi bhi hein aur rate bhi, Nikal jaye zindagi itni toh taiyari hein.

Sabar jo hein mujhme use tofa samajta hun,

Haraa nahi hun abhi bhi aas lagake betha hun,

Samajhti hein who mujhe jaunga,

Use keh do abhi mein mara nahi hun.

Har baat ko apne rukh se jod kar achhi chijho ko nakarna nahi chahiye,

Baat jo samajhte ho toh unhe jod kar rakho.

Apne jo hote hein, kabhi alag nahi hote hein;

Khud ko agar akele pao toh kya sach meh akele ho?

Apni alag duniya basa kar logo ko puchhe ki, dikhai nahi dete?

Thoda khidki ke bahar kam apne gahr meh zara sa dekhte ho?

Milna shayad ab chahta nahi, chahne toh kayenat bethi hein,

Par keh jaye puri duniya ki kayenat se zyada yeh use mohabbat karta hein,

Wesi sirf tu hein.

Esa nahi hein ki ab pyaar karna nahi hein,

Bas ab karne wala koi nahi hein,

Shayad hota nahi hein,

Kyu ki humesha karein wesa koi nahi hein.

Aansu bhi ab roothe hue hein mujhse,

Aankho ki dehaliz peh ate hi unhe wapas bhej diya jata hein.

Lamhein Khushi ke beet zarur jaye hein,

Par unka ehasaas eh jaata hein,

Aur phir kabhi bhu unka naam ya tasveer aye toh,

Who pal aankho ke saamne phir se aa jata hein.

Baat kuchh esi thi, humne kaha tha nahi kuchh,

Par pata tum sab chala gaya, bacha nahi kuchh,

Kehne se pehle pata chalne wali baat kabhi asar nahi karti,

Par keh sake esi kabhi baate banayi nahi jati.

"I AM IN CHAOS WITH CHEER BUT CRAVE LOVE."

Beeti jo rahti thi shayad, dekhi pehle zarur thi,

Chale gaye bin tumhare, manzil jo samajh ke aye the,

Filhal chalo uski baat na kare, kuchh phool bikhre zarur the,

Farz jo tumne sikhaya tha, ropke unhe chal hum phir se pade,

Jahnoom ke raste ko hum Jannat sa savarte gaye,

Kyu ki pata uspe tere naam ka tha.

Nahi hota kisi aur se ab tum samajh bhi jao,

Maan liya humne ki sabse alag thi hi tum,

Kisi aur se baat karta tha,

Shayad baat meri koi samajhti nahi jese tu samajhti thi,

Bulate nahi ab ese hi kisi ko, tujhe bhulane ko roz dil chahta tha.

Hasi ke liye jo mein barish meh bheeghna chahta tha,

Khayal karti hun kar ke chhatri se dhak diya mujhe,

Naa hum kuchh bol sake,

Naa khud se naa khuda se.

Har saaya jo mein dhundhta hun,

Jalaa kar raakh karta hein mujhe.

Pyaar toh khair ab hum dhundh ne se rahe,

Bas ab tujhse bade gaddar ki talaash hein,

Nibhaya toh sab humne shiddat se tha,

Kya pata tu meri saans lene ki sajaa hein.

Chalo thik hein, aandhi se achhi dhul hein;

Aankho ki yeh meri bhul hein,

Dekha jab se tujhe humne Roshni meh hein,

Har andhere meh teri bani aankhe hein,

Bikhre inn hawao meh zulfe hein,

Sparsh tera mejhe, ese mere sapne hein.

Jaante ho tum mohabbat ke baare meh bohot kuchh,

Haath pakadne se sop dete honge sab kuchh,

Naam dil peh jo likha hein yeh jaante ho uska?

Kya bina jhaake uski aankhe padh sakte ho tum?

Likhar lifafo jese msg ka zamana hein, type karke tum ne
mohabbat ka izhaar kiya hein,

Logo se zyada rooh ko jaante kya,

Tum sach me pyaar karte ho kya?

Jis koshish meh lage ho,

Bhulane se zyada yaado meh padte hein,

Saanse khatam ho jayegi par tasveer milegi nahi.

Kuch cheezo ki awaz nahi ati par uski gunj zindagi bhar rehti hein,

Tumhe nayi dhun zarur mil sakti hein,

Par har dhun meh amar rehne ka hunar nahi hota.

Chalo ab so jaate hein…

Ullu bane hein jabse, ullu banke reh gaye,

Ab toh rate bhi hume sulane ki koshish nahi karti toh log kya
karenge,

Taara banke jo sulane aye the hume aaj kisi aur ke sath tim-tima
rahe hein,

Khair chand abhi bhi hein nazro ke samne, dekhe use mann apna,

Behala lenge dil ko, fusla lenge,

Aur kal milenge shayad taiyar hone ke liye aankho ko mann ke
sath sula denge.

Kabhi milte nahi yeh,

Par laakho zindagi savar ho kar jati hein,

Sikha ke gayi ki, milna har baar zaruri nahi hota.

Aansu ko chhupane se

Contents

www.ingramcontent.com/pod-product-compliance
Lightning Source LLC
Chambersburg PA
CBHW020942160726
47993CB00007B/2896